小普羅藝術叢書

有了喜歡的顏色　有了豐富的創意

孩子，你更需要無邊無際的恣彩天空！

• 我喜歡系列 •

我喜歡紅色

我喜歡棕色

我喜歡黃色

我喜歡綠色

我喜歡藍色

我喜歡白色和黑色

• 創意小畫家系列 •

蠟　筆
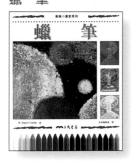

水　彩

色鉛筆

粉彩筆

彩色筆
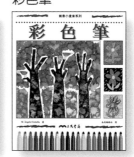

廣告顏料

• 小畫家的天空系列 •

動物畫

風景畫

靜物畫

創意小畫家系列

色鉛筆

M. Àngels Comella　著

三民書局編輯部　譯

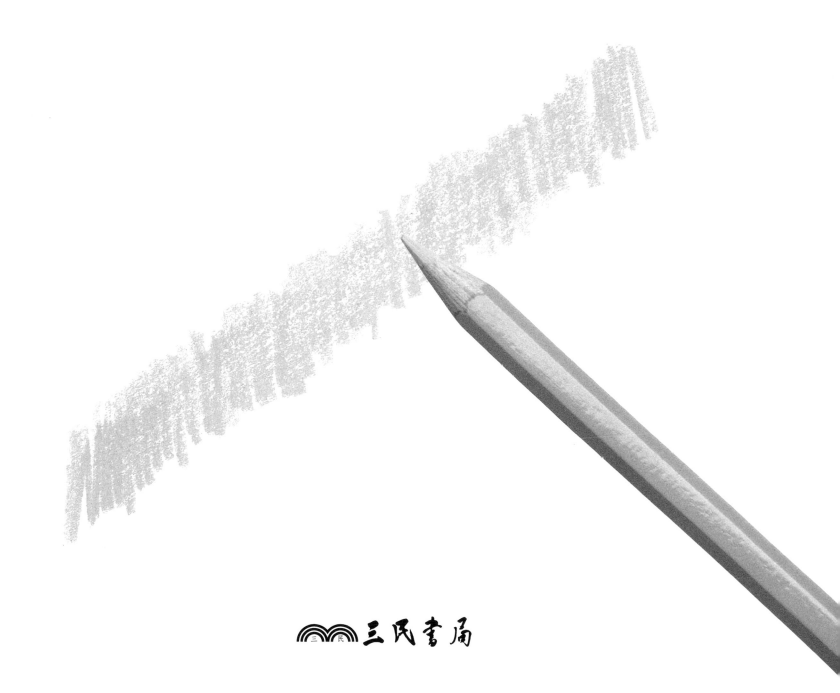

三民書局

國家圖書館出版品預行編目資料

色鉛筆 / M. Àngels Comella著;三民書局編輯部
譯.－－二版一刷.－－臺北市：三民，2010
冊； 公分.－－(小普羅藝術叢書. 創意小畫
家系列)

ISBN 978-957-14-2874-1 (精裝)
1.美術－教學法 2.繪畫－西洋－技法

523.37 87005794

© 色 鉛 筆

著 作 人	M. Àngels Comella
譯 者	三民書局編輯部
發 行 人	劉振強
著作財產權人	三民書局股份有限公司
發 行 所	三民書局股份有限公司
	地址　臺北市復興北路386號
	電話　(02)25006600
	郵撥帳號　0009998-5
門 市 部	(復北店) 臺北市復興北路386號
	(重南店) 臺北市重慶南路一段61號
出版日期	初版一刷　1998年8月
	二版一刷　2010年1月
編 號	S 940691

行政院新聞局登記證局版臺業字第○二○○號

有著作權・不准侵害

ISBN 978-957-14-2874-1 (精裝)

http://www.sanmin.com.tw 三民網路書店

Original Spanish title: Lápices de colores
Original Edition © PARRAMON EDICIONES, S.A. Barcelona, España
World rights reserved
© Copyright of this edition: SAN MIN BOOK CO., LTD. Taipei, Taiwan.

紙和鉛筆：可能沒有其他東西比它們之間的關係更密切、更緊密相連；也沒有東西比它們更普遍、更容易學會使用了。確實，別看它那窄窄的、木製的身軀，色鉛筆可是有非常多的特質，以及許多數不清的、等著我們來使用的顏色。

通常，我們有好幾種方法在面積不大的表面上畫圖、著色。但重要的是，除了紙以外，我們還可以在其他的畫材上著色或是把色鉛筆和其他材料混合喔！尤其是當我們在畫一幅畫的最後幾筆，需要比較精確的線條時，色鉛筆可是很有用的喲！

我們也可以用紙筆*來增加和增強顏色，如果你用的是水性色鉛筆的話，還可以用水和畫筆稀釋*，來覆蓋比較大的面積。萬一不小心畫錯了，可別擔心喔！用一塊橡皮就可以修正了。

讓色鉛筆帶我們找到通往色彩世界的鑰匙吧！

這裡有一盒色鉛筆。

要如何使用呢 ？

● 我們可以用削尖的
  筆尖 ，畫一條線。

● 也可以用鈍的*筆
  尖 ，畫一條線。

● 把筆傾斜一些 ，我
  們可以用它來把某
  個部分著色。

● 我們可以用力的塗。

● 或是輕輕的、輕柔
  的塗。

也_{ㄧㄝˇ}可_{ㄎㄜˇ}以_{ㄧˇ} ......

● 混_{ㄏㄨㄣˋ}合_{ㄏㄜˊ}兩_{ㄌㄧㄤˇ}個_{ㄍㄜˋ}顏_{ㄧㄢˊ}色_{ㄙㄜˋ}。

● 用_{ㄩㄥˋ}另_{ㄌㄧㄥˋ}外_{ㄨㄞˋ}一_{ㄧˊ}個_{ㄍㄜˋ}顏_{ㄧㄢˊ}色_{ㄙㄜˋ}覆_{ㄈㄨˋ}
蓋_{ㄍㄞˋ}住_{ㄓㄨˋ}前_{ㄑㄧㄢˊ}一_{ㄧˊ}個_{ㄍㄜˋ}顏_{ㄧㄢˊ}色_{ㄙㄜˋ}。

● 讓_{ㄖㄤˋ}顏_{ㄧㄢˊ}色_{ㄙㄜˋ}慢_{ㄇㄢˋ}慢_{ㄇㄢˋ}的_{ㄉㄜ}由_{ㄧㄡˊ}
強_{ㄑㄧㄤˊ}烈_{ㄌㄧㄝˋ}到_{ㄉㄠˋ}柔_{ㄖㄡˊ}和_{ㄏㄜˊ}。

● 用_{ㄩㄥˋ}橡_{ㄒㄧㄤˋ}皮_{ㄆㄧˊ}擦_{ㄘㄚ}掉_{ㄉㄧㄠˋ}顏_{ㄧㄢˊ}色_{ㄙㄜˋ}。

● 用_{ㄩㄥˋ}紙_{ㄓˇ}筆_{ㄅㄧˇ}來_{ㄌㄞˊ}表_{ㄅㄧㄠˇ}現_{ㄒㄧㄢˋ}出_{ㄔㄨ}顏_{ㄧㄢˊ}色_{ㄙㄜˋ}的_{ㄉㄜ}濃_{ㄋㄨㄥˊ}淡_{ㄉㄢˋ}。

● 用_{ㄩㄥˋ}水_{ㄕㄨㄟˇ}性_{ㄒㄧㄥˋ}色_{ㄙㄜˋ}鉛_{ㄑㄧㄢ}筆_{ㄅㄧˇ}混_{ㄏㄨㄣˋ}合_{ㄏㄜˊ}水_{ㄕㄨㄟˇ}，
可_{ㄎㄜˇ}以_{ㄧˇ}作_{ㄗㄨㄛˋ}出_{ㄔㄨ}暈_{ㄩㄣ}染_{ㄖㄢˇ}的_{ㄉㄜ}效_{ㄒㄧㄠˋ}果_{ㄍㄨㄛˇ}。

不同的表面和橡皮

試試看在不同的表面上使用色鉛筆，會產生非常不同的結果喔！如果你有橡皮，可以把顏色擦掉。

在表面粗糙的*紙上畫畫。

畫在描圖紙上。雖然桌子上有紙張覆蓋，我們還是可以看得到桌子的木紋喔！

畫在有刺繡的布上。

或是畫在平滑的紙上。

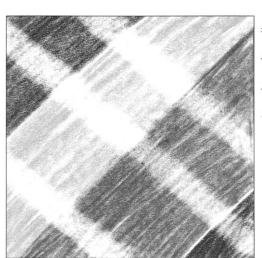

我們可以把某些部分擦掉，或是畫出線條來。

當我們用色鉛筆著色以後，便可以看到紙上原本就有的線條。

用已經沒有墨水的原子筆來畫線，等著色以後，線條便出現了。

在平滑的紙上刮出一些線條，等塗上顏色以後，線條會更加明顯喔！

我們也可以把色鉛筆和其他的材料混合使用。

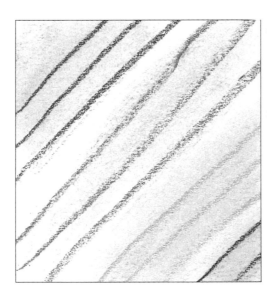

我們可以先用色鉛筆著色，然後再塗上粉彩筆。

也可以用色鉛筆在彩色筆的底色上畫線。

蠟筆上的色鉛筆。

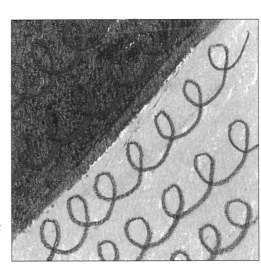

我們可以拿另外一張紙，用遮蓋的方法來著色。

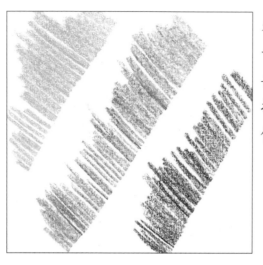

先用紙把畫紙的一部分遮起來，再著色。然後，把紙移開，線條便出現了耶！

也可以剪出一個圓形，然後把下面的紙塗上不同的顏色。

同樣的，我們可以剪一個三角形，但這次是用三角形的形狀來當作遮蓋物。

水性色鉛筆可以溶解在水裡。

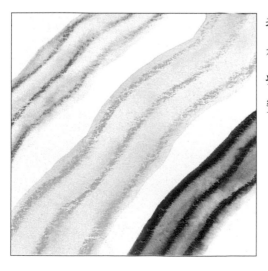

我們可以用沾了水的畫筆塗過這些線條，線條會變得模糊了。

或是用沾了水的畫筆塗過有顏色的部分，顏色會變得非常強烈的喔！

我們可以用色鉛筆來做個實驗，這裡有一些例子：

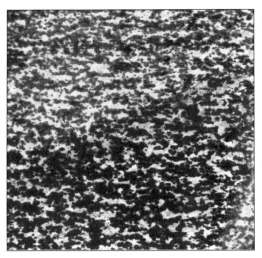

我們把表面粗糙的紙塗上藍色，然後用彩色影印的方法把它放大，接著再塗上顏色。

也可以把報紙的插圖著色。

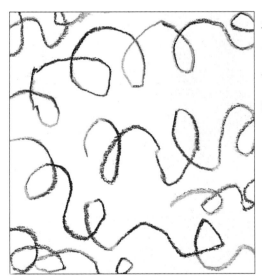

或是用一枝多色的色鉛筆，畫出彎彎曲曲的線條*。

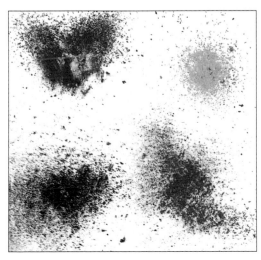

在塗了膠水的紙上面，把不同顏色的色鉛筆筆芯擦碎。

在有刺繡的布上著色。這裡你可以看到布下面的紙變成什麼樣子了。

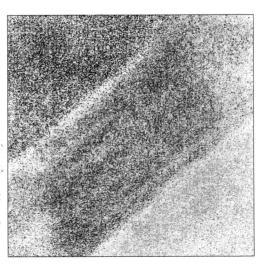

閃閃發亮的白色……
紙上的痕跡

■

海報上的太陽……
表面和水性色鉛筆

●

光的線條……
在有色的卡紙上
著色

● ● ● ● ● ● ● ● ● ● ● ● ●

▲

海洋和太陽……
線條和水性色鉛筆

◆

黑色的斑點……
色鉛筆和複寫紙

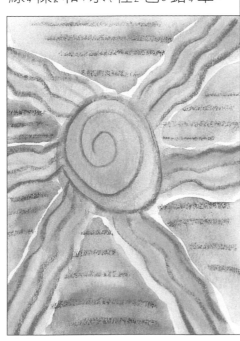

太陽……
表面粗糙畫紙
上的色鉛筆

火輪……
水彩上的色鉛筆

敏感的、纖細的……
色鉛筆的濃淡

早起的太陽……
在塗了保護膠
的木材上畫圖

忙忙忙……
色鉛筆和橡皮

當然還有好幾千
個太陽喲！……

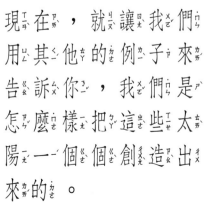

現在，就讓我們
用其他的例子來
告訴你，我們是
怎麼樣把這些太
陽一個個創造出
來的。

當紙上有線條或是痕跡的時候，即使我們在上面用色鉛筆著色，它還是看得見喔！

1 用一枝沒有墨水的原子筆畫出圖畫的線條。我們在這裡用鉛筆把線條畫出來給你看。

2 然後，用色鉛筆塗過這些線條。

3 每一片葉子我們都用不同的顏色來塗。

4 即使我們在葉子上塗再多的顏色，白色的線條還是看得見喲！

5

有葉子就
有樹木,
有樹木就
有鳥兒,
有鳥兒就
有……哇!
一幅細細
描出的、
非常細緻
的風景畫!

13

遇到水會溶解，而且因為這樣產生出水彩效果的色鉛筆，這就是水性色鉛筆。

1 我們在同一個表面上，畫了不同顏色的幾何圖形。

2 然後用沾溼的畫筆來塗顏色。

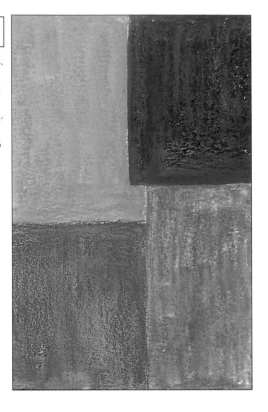

3 有些顏色溶解的情形會比較好。

4

像這一幅夜景，我們在塗每一個顏色以前，都會清洗畫筆，所以顏色才沒有混在一起。

在有色的卡紙上著色

我ㄨㄛˇ們ㄇㄣ通ㄊㄨㄥ常ㄔㄤˊ都ㄉㄡ是ㄕˋ用ㄩㄥˋ白ㄅㄞˊ紙ㄓˇ來ㄌㄞˊ畫ㄏㄨㄚˋ圖ㄊㄨˊ，但ㄉㄢˋ是ㄕˋ如ㄖㄨˊ果ㄍㄨㄛˇ畫ㄏㄨㄚˋ在ㄗㄞˋ色ㄙㄜˋ紙ㄓˇ上ㄕㄤˋ，就ㄐㄧㄡˋ會ㄏㄨㄟˋ產ㄔㄢˇ生ㄕㄥ不ㄅㄨˋ一ㄧ樣ㄧㄤˋ的ㄉㄜ˙效ㄒㄧㄠˋ果ㄍㄨㄛˇ喲ㄧㄛ˙！

1 我ㄨㄛˇ們ㄇㄣ先ㄒㄧㄢ把ㄅㄚˇ不ㄅㄨˋ同ㄊㄨㄥˊ顏ㄧㄢˊ色ㄙㄜˋ的ㄉㄜ˙卡ㄎㄚˇ紙ㄓˇ貼ㄊㄧㄝ在ㄗㄞˋ一ㄧˋ起ㄑㄧˇ，做ㄗㄨㄛˋ成ㄔㄥˊ初ㄔㄨ步ㄅㄨˋ的ㄉㄜ˙構ㄍㄡˋ圖ㄊㄨˊ*。

2 在ㄗㄞˋ黑ㄏㄟ色ㄙㄜˋ的ㄉㄜ˙卡ㄎㄚˇ紙ㄓˇ上ㄕㄤˋ，用ㄩㄥˋ淺ㄑㄧㄢˇ的ㄉㄜ˙顏ㄧㄢˊ色ㄙㄜˋ來ㄌㄞˊ著ㄓㄨㄛˊ色ㄙㄜˋ；如ㄖㄨˊ果ㄍㄨㄛˇ卡ㄎㄚˇ紙ㄓˇ是ㄕˋ淺ㄑㄧㄢˇ色ㄙㄜˋ的ㄉㄜ˙，那ㄋㄚˋ就ㄐㄧㄡˋ用ㄩㄥˋ深ㄕㄣ的ㄉㄜ˙顏ㄧㄢˊ色ㄙㄜˋ。

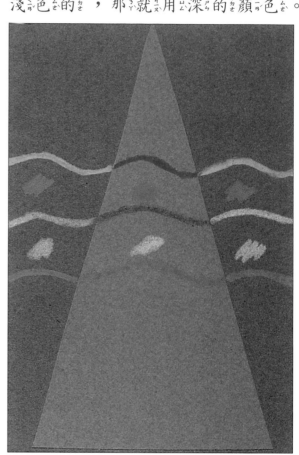

3 你ㄋㄧˇ瞧ㄑㄧㄠˊ！用ㄩㄥˋ這ㄓㄜˋ個ㄍㄜˋ技ㄐㄧˋ巧ㄑㄧㄠˇ畫ㄏㄨㄚˋ出ㄔㄨ來ㄌㄞˊ的ㄉㄜ˙花ㄏㄨㄚ瓶ㄆㄧㄥˊ是ㄕˋ不ㄅㄨˊ是ㄕˋ很ㄏㄣˇ不ㄅㄨˋ一ㄧˋ樣ㄧㄤˋ呢ㄋㄜ˙？

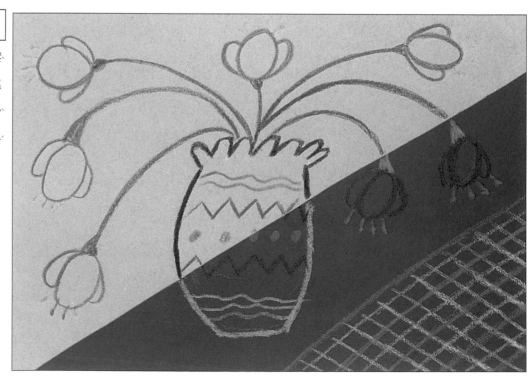

4

在這裡，我們看到非常淺的顏色和白色比較突出。但是，這個小女孩看起來並不太清楚，應該選什麼顏色才好呢？

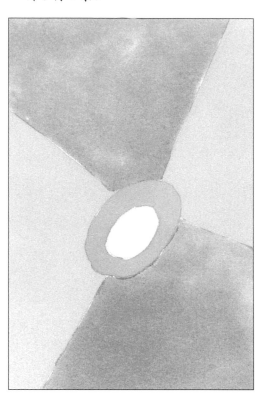

水彩上的色鉛筆

在著色的時候，色鉛筆可以和彩色筆、蠟筆、廣告顏料、墨水、水彩等等一起使用。

1 我們先塗上水彩當作背景*。

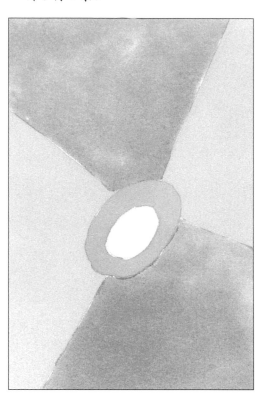

2 等它乾了以後，我們再塗上色鉛筆。

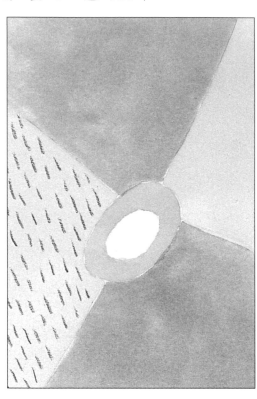

3 我們用不同顏色的色鉛筆來塗。

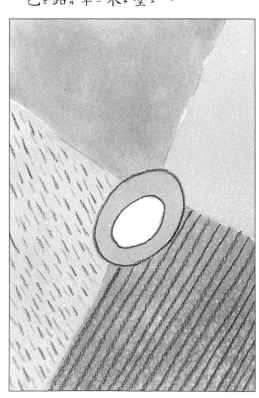

4 最後，用黑色的色鉛筆描出輪廓來。

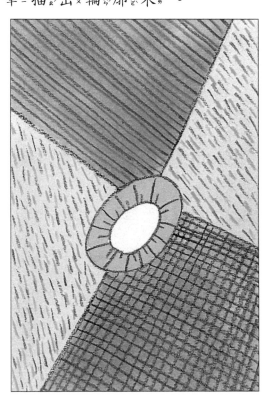

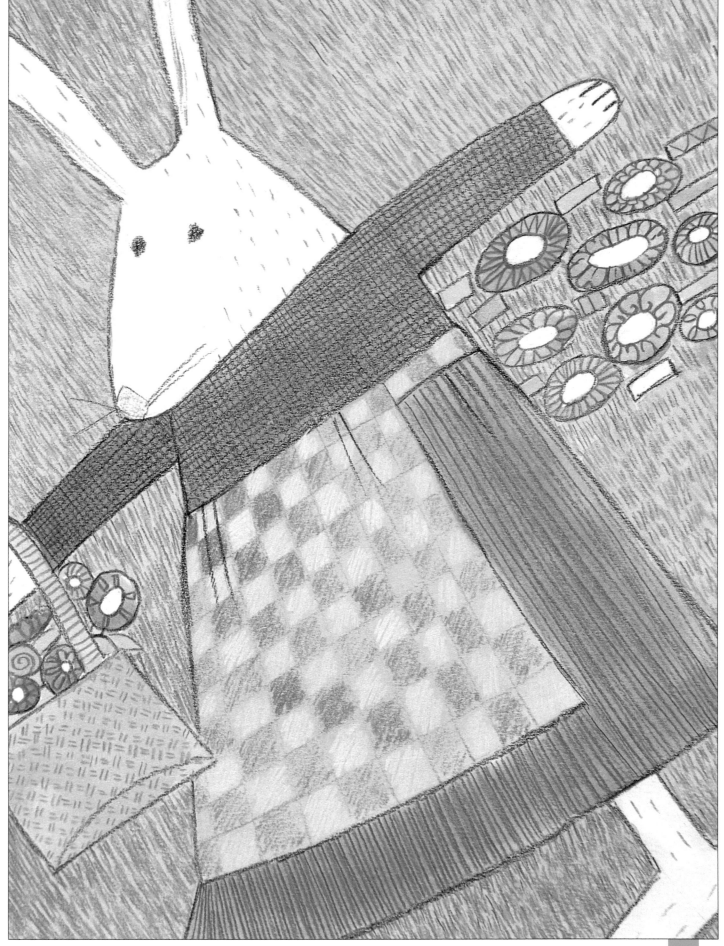

5

用鉛筆畫圖，有一個好處，如果畫錯了，可以用橡皮修改。像我畫這隻兔子的時候，就色畫一處是，曾經一把鬍子畫得太長了。

像其他材料一樣，色鉛筆可以很清楚的把我們畫畫用的畫材*紋路*顯現出來。

1 我們先在表面粗糙的畫紙上塗出一個形狀來。紙的特色就是白點。

2 塗黑色和深色的時候，紙的白點會比塗淺色的明顯喔！

3 在這裡，我們把這個圖案*的背景畫好了。

4 加上更多顏色，紙張的紋路仍然看得很清楚喲！

5 粗紙樂蹈點密白
面畫音舞被密的
表的的和，麻麻的
在的家家上點點耶
糖上麻麻點了！

濃淡就是把顏色漸漸的由深色調塗到淺色調，這就是我們在這張畫裡要使用的技巧喔！

1

先畫出一些由濃到淡的波浪狀線條。

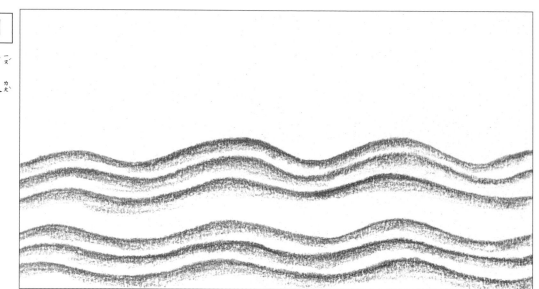

2

我們加入另外一個顏色，而且把它混在前一個顏色裡。

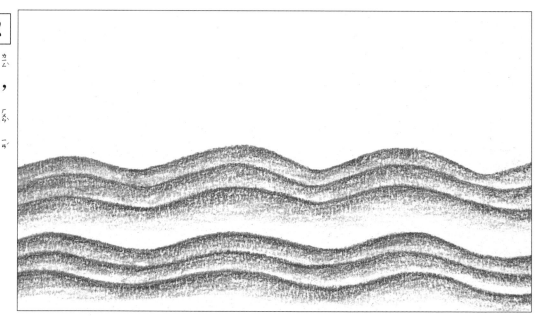

3

天空的部分我們用了兩種顏色。雲是利用紙張本身的白色。

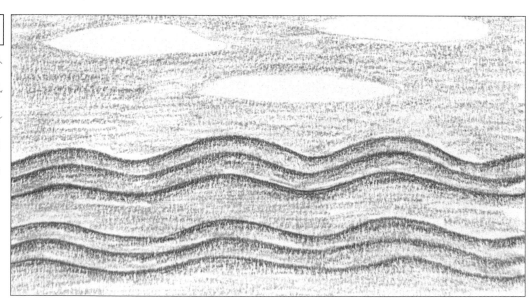

4

依照紙張的紋路，顏色會有濃或淡的差別喔！陽臺上的這個女人，看起來是不是非常細緻優雅呢？

如果我們先用水性色鉛筆畫線條，然後再用沾了水的畫筆塗過，線條便會溶解*在水裡。

1 我們先用水性色鉛筆畫出線條來。

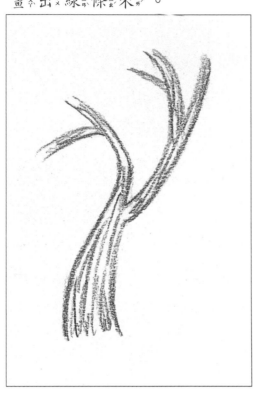

2 然後加上其他顏色的線條。

3 我們用沾了水的畫筆塗過這些線條，線條便擴散開來了。

4 當沾了水的畫筆接觸到顏色的時候，顏色會和水混合。

5

河堤上正吹著風，我們不想讓顏色混在一起，所以必須一個顏色乾了以後，才能繼續塗下一個顏色喲！

所ㄙㄨㄛ有ㄧㄡˇ的ㄉㄜ材ㄘㄞˊ料ㄌㄧㄠˋ我ㄨㄛˇ們ㄇㄣ都ㄉㄡ可ㄎㄜˇ以ㄧˇ拿ㄋㄚˊ來ㄌㄞˊ試ㄕˋ試ㄕˋ看ㄎㄢˋ，包ㄅㄠ括ㄍㄨㄚ色ㄙㄜˋ鉛ㄑㄧㄢ筆ㄅㄧˇ喲ㄧㄛ！
這ㄓㄜˋ裡ㄌㄧˇ我ㄨㄛˇ們ㄇㄣ用ㄩㄥˋ複ㄈㄨˋ寫ㄒㄧㄝˇ紙ㄓˇ做ㄗㄨㄛˋ出ㄔㄨ了ㄌㄜ奇ㄑㄧˊ特ㄊㄜˋ的ㄉㄜ效ㄒㄧㄠˋ果ㄍㄨㄛˇ。

1 把ㄅㄚˇ複ㄈㄨˋ寫ㄒㄧㄝˇ紙ㄓˇ放ㄈㄤˋ在ㄗㄞˋ白ㄅㄞˊ色ㄙㄜˋ的ㄉㄜ卡ㄎㄚˇ紙ㄓˇ上ㄕㄤˋ，然ㄖㄢˊ後ㄏㄡˋ用ㄩㄥˋ沒ㄇㄟˊ有ㄧㄡˇ墨ㄇㄛˋ水ㄕㄨㄟˇ的ㄉㄜ原ㄩㄢˊ子ㄗˇ筆ㄅㄧˇ在ㄗㄞˋ上ㄕㄤˋ面ㄇㄧㄢˋ畫ㄏㄨㄚˋ圖ㄊㄨˊ。

2 我ㄨㄛˇ們ㄇㄣ把ㄅㄚˇ複ㄈㄨˋ製ㄓˋ在ㄗㄞˋ卡ㄎㄚˇ紙ㄓˇ上ㄕㄤˋ的ㄉㄜ圖ㄊㄨˊ塗ㄊㄨˊ上ㄕㄤˋ不ㄅㄨˋ同ㄊㄨㄥˊ的ㄉㄜ顏ㄧㄢˊ色ㄙㄜˋ。

3 複ㄈㄨˋ寫ㄒㄧㄝˇ紙ㄓˇ上ㄕㄤˋ的ㄉㄜ黑ㄏㄟ色ㄙㄜˋ線ㄒㄧㄢˋ條ㄊㄧㄠˊ有ㄧㄡˇ點ㄉㄧㄢˇ兒ㄦ髒ㄗㄤ髒ㄗㄤ的ㄉㄜ，背ㄅㄟˋ景ㄐㄧㄥˇ也ㄧㄝˇ是ㄕˋ，所ㄙㄨㄛˇ以ㄧˇ使ㄕˇ這ㄓㄜˋ幅ㄈㄨˊ畫ㄏㄨㄚˋ看ㄎㄢˋ起ㄑㄧˇ來ㄌㄞˊ非ㄈㄟ常ㄔㄤˊ有ㄧㄡˇ趣ㄑㄩˋ喔ㄛ！

4

當我們複畫的時候，其實我們不在的，每一個筆觸*都是隨興的。多麼快樂啊！就像這幅春天的風景。

我們寫圖，看見自己畫出一個是的。多麼快樂啊！就像春天的風景。

在紙上時實看己麼個是。

色鉛筆很適合在塗了保護膠的木材上畫圖。

1

我們找到一片木材。

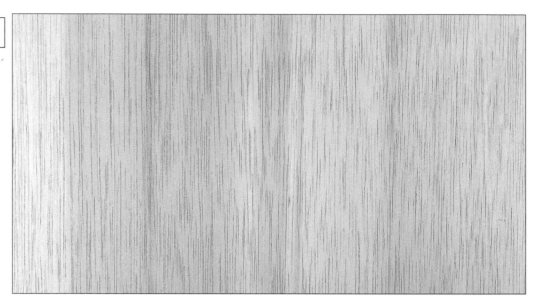

2

我們先用保護膠塗過木材的表面，然後用白色的色鉛筆描出這幅畫的輪廓來。

3

再來，塗上不同的顏色，並增加更多的白色線條。

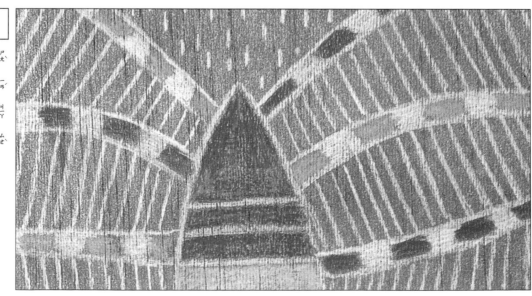

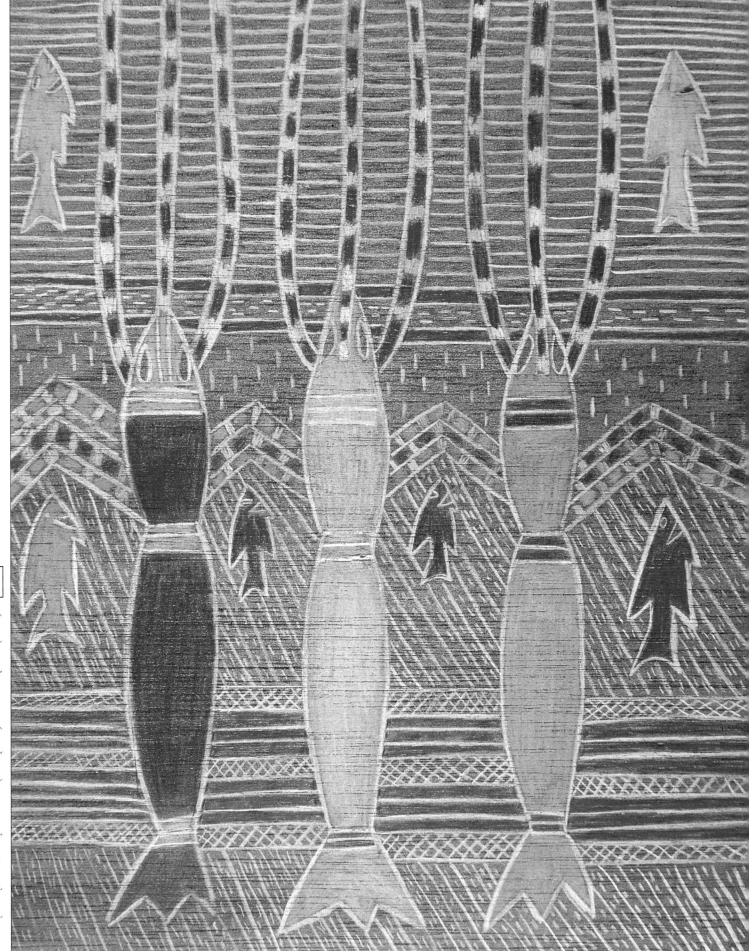

4

技巧不簡單呢？好像板圖一樣。

這個是很好的黑板畫樣。

三尾龍蝦看起來味道極美了耶！

這巧是單就在上一這小看美了耶！

色鉛筆和橡皮

用色鉛筆畫出來的圖都可以用橡皮擦掉。如果我們用一種更硬的橡皮，輕輕地在顏色上塗一塗，會產生混合顏色的效果喲！

1 我們先用不同顏色的線條畫了一個圖。

2 用硬橡皮輕輕地在上面塗一塗，顏色便混合在一起了。

3 我們用同樣的方法來塗上面的螺旋部分。

4

如果我們只畫線條，並且把線條的顏色混合，這樣子便會產生一幅有移動感覺的畫喔！……就像這兩架在做特技表演的飛機。

詞彙說明

紙筆：用壓縮過、透氣性良好的紙捲成的，一端是尖頭狀。用來把顏色塗開。

稀釋：溶解在水裡。

鈍的：圓的，在這裡是指鉛筆筆尖沒有削尖。

表面粗糙的：不平滑的，有凸起或是凹陷的。

遮蓋：使表面的某些部分不要著色。

彎彎曲曲的線條：不直的線條，也就是波浪狀的。

技巧：製作一種東西的方法。

構圖：把各種東西用某個特定的方法或原因擺在畫面上。

背景：在圖形後面的部分，有裝飾的作用。

畫材：一種可以在上面畫圖或是塗顏色的物質。它可以是紙、布、木材等等。

紋路：物體表面看起來的樣子。可以是粗糙的、平滑的、凹凸不平的等等。

圖案：在一幅畫裡，占最主要部分的圖形。

溶解：用液體使東西消失不見。

筆觸：像鉛筆或畫筆的工具留下的記號。它可以是細的、粗的、直的，或是彎曲的等等。

保護膠：一種用來防止畫的表面被弄髒，或是被空氣中的水氣損壞的覆蓋物。

世紀
人物100

獻給孩子們的禮物

「世紀人物100」

訴說一百位中外人物的故事
是三民書局獻給孩子們最好的禮物！

◆ 不刻意美化、神化傳主，使「世紀人物」更易於親近。

◆ 嚴謹考證史實，傳遞最正確的資訊。

◆ 文字親切活潑，貼近孩子們的語言。

◆ 突破傳統的創作角度切入，讓孩子們認識不一樣的「世紀人物」。

一套充滿哲思、友情與想像的故事書
展現希望、驚奇與樂趣的
「我的蟲蟲寶貝」！

想知道

迷糊可愛的毛毛蟲小靜，為什麼迫不及待的想「長大」？

沉著冷靜的螳螂小刀，如何解救大家脫離「怪傢伙」的魔爪？

膽小害羞的竹節蟲阿比，意外在陌生城市踏出「蛻變」的第一步？

老是自怨自艾的糞金龜牛弟，竟搖身一變成為意氣風發的「聖甲蟲」？

熱情莽撞的蒼蠅依依，怎麼領略簡單寧靜的「慢活」哲學呢？